AF360278

NOTICE

DES LIVRES

ET MANUSCRITS

ARABES, TURCS, PERSANS ET COPTES,

COMPOSANT LA BIBLIOTHÈQUE

DE FEU M. ELLIOUS BOCTHOR,

PROFESSEUR DE LANGUE ARABE VULGAIRE A LA BIBLIOTHÈQUE

DU ROI,

Dont la vente se fera le 7 janvier 1822, et jours suivans, six heures de relevée.

LA NOTICE SE DISTRIBUE

A PARIS,

CHEZ MM. {
LALLEMAND aîné (Avoué de Mme Ellious), rue de la Grande Truanderie, n° 53;

BARBIER DE ST.-HILAIRE, Commissaire-priseur, rue du Colombier, n° 5;

GOUJON, Libraire, rue du Bac, n° 55.
}

1821.

DE L'IMPRIMERIE DE DAVID, RUE DU POT-DE-FER,

N° 14. — [F. S.-G.]

NOTICES

SUR M. ELLIOUS BOCTHOR.

Pour bien faire connaître et complétement apprécier le littérateur dont la Bibliothèque va être mise en vente, nous allons extraire de la *Revue encyclopédique*, cahier de janvier 1820, et cahier d'octobre, 1821, deux Notices qui s'y trouvent insérées et signées du nom d'un des savans français le plus à portée de juger des divers mérites qui distinguaient M. Ellious Bocthor.

PREMIÈRE NOTICE.

« Le gouvernement prend un sage parti, en confiant la chaire d'arabe vulgaire à un Égyptien. Celui sur lequel il a jeté les yeux est M. *Ellious Bocthor*, de la religion copte, né à Sioût, ville de la Thébaïde, succédant, après quatre ans d'intervalle, à don Raphaël, prêtre syrien, qui fut employé dans le temps de l'expédition française. M. *Ellious Bocthor* fut aussi attaché à l'armée : lors de l'arrivée de nos troupes, il avait dix-sept ans ; à vingt-un an, il vint à Marseille ; là, il étudia la langue française à fond, et sans autre secours que son talent naturel et sa persévérance, il parvint à une connaissance parfaite, non seulement de notre idiôme, mais encore de nos grammairiens et de nos bons auteurs, philosophes, littérateurs et moralistes. C'est par ces études qu'il s'est mis en état de composer, à lui seul, un grand Dictionnaire d'arabe vulgaire et de français, sur le plan de celui de l'Académie, où chacune des acceptions d'un mot est justifiée par des citations choisies. Tout le monde approuvera le choix qu'on a fait d'un tel professeur, pour apprendre l'arabe usuel aux élèves des langues orientales ; mais on remarquera, sans doute, cette espèce de phénomène dans l'histoire de l'enseignement. Qui eût dit, il y a vingt-cinq ans, avant l'expédition du Nil, qu'un habitant de Sioût viendrait donner des leçons, sur les bords de la Seine, au sein de l'Athènes moderne, au milieu des plus habiles professeurs? Qui eût pu croire qu'un demi-barbare, à force de travail et de pénétration, viendrait à bout d'approfondir la grammaire générale, et de composer un ouvrage presque académique? On a des exemples de Coptes et de Syriens qui ont étudié avec succès en Europe; mais ils y étaient venus dans un âge tendre, et ils avaient suivi tous les exercices de nos colléges. »

DEUXIÈME NOTICE.

« En annonçant l'année dernière la nomination de M. Ellious Bocthor à la chaire d'arabe vulgaire de la Bibliothèque du Roi, et ses ouvrages qui ont suivi de près, nous étions loin de nous attendre à la fin prochaine de cet estimable professeur. Le court espace de temps qui s'est écoulé depuis la fin de son second cours a suffi pour développer et aggraver une maladie de foie, à laquelle il a succombé après deux semaines seulement, le 26 septembre dernier. Ellious Bocthor, né à Syoût, dans la Haute-Égypte, interprète de l'armée française pendant la durée de l'expédition, avait à peine quarante ans; il était parvenu, à force de travail et d'études, à posséder avec une certaine perfection la langue et la littérature françaises. Pour qui connaît les orientaux, et l'éducation qu'ils reçoivent dans leur pays, ce fait prouvera une aptitude extraordinaire. Il s'exprimait avec facilité, avec clarté, en français comme en arabe; et, s'il était aisé de reconnaître à sa prononciation une bouche étrangère, il n'en était pas de même pour la propriété des termes et même pour l'élégance de la diction. Cette perte n'est pas seulement sensible pour la littérature orientale et pour l'enseignement public, c'en est une encore plus fâcheuse pour la civilisation de l'Egypte. Ellious Bocthor était un lien naturel entre la France et son pays natal; familiarisé avec les grammairiens, les littérateurs, les philosophes et tous les grands écrivains français, il pouvait, mieux qu'un autre, initier à nos sciences et à nos arts des élèves choisis parmi ses compatriotes, ou du moins leur en donner la clef. Tout le monde appréciera l'avantage que notre patrie en aurait retiré pour ses rapports commerciaux et politiques avec un pays qui ne devrait avoir de relations en Europe que par l'intermédiaire de la France et de l'Italie. M. Ellious Bocthor se fit connaître pour la première fois à Paris, il y a peu d'années, en déchiffrant et traduisant avec la plus grande facilité les nombreuses pièces en arabe conservées au Dépôt de la guerre. Il apportait avec lui un grand dictionnaire dans les deux langues, fruit de dix ans de travail et de méditation, dans lequel chacune des acceptions du mot arabe est justifiée par des exemples des bons auteurs. Cet ouvrage manuscrit est dans les mains de sa veuve, dont il fait toute la richesse. Nous ne doutons point que le Gouvernement n'en fasse l'acquisition, pour le faire imprimer et le mettre dans les mains des *jeunes de langue* et des élèves qui suivent les écoles orientales de Paris ou de Marseille. On croit que l'auteur avait aussi composé une grammaire arabe et française (1). Nous aurons occasion de revenir sur les travaux et les services d'un homme qui laisse un vide difficile

---

(1) On n'a trouvé dans ses manuscrits que quelques extraits et des notes pour cette grammaire. (*Note du libraire.*)

à remplir , tant il réunissait de conditions presque im-
possibles à concilier. (JOMARD , *Membre de l'Institut.*) »

Nous ajouterons que M. Ellious Bocthor était né le
12 avril, (27 février style grec) de l'année 1784,
ainsi que cela résulte d'une note écrite de sa main sur
un feuillet du *Manuel d'Epictète*, qui est inscrit sous
le n° 42 des manuscrits de ce Catalogue. Les livres
qui le composent donnent aussi une juste idée du goût
et du discernement qu'il a mis dans leur choix, et annon-
cent un esprit adonné aux plus graves méditations littéraires. Son *Dictionnaire Français et Arabe vulgaire* ,
manuscrit d'environ 800 pages in-f°, à deux colonnes,
est déjà soumis à une commission de l'Institut, et l'on
ne doute pas que son suffrage ne détermine le Gouvernement à faire l'acquisition de ce précieux et unique
ouvrage. Les nombreux manuscrits orientaux , arabes ,
turcs, persans ou coptes que M. Ellious avait réu-
nis, et qui sont indiqués dans ce catalogue, offriront
également beaucoup d'intérêt aux amateurs de ce genre
de livres. M. Ellious n'épargnait ni soins ni dépenses
pour se les procurer : aussi ses manuscrits et ses livres
forment-ils le seul héritage que sa veuve ait à recueillir
en partie.

NOTICE
DES LIVRES
ET MANUSCRITS
ARABES, TURCS, PERSANS ET COPTES.

1 La Sainte Bible. Paris, Desoër, 1819, 1 vol, in-8.
gr. pap. br.

2 Les mystères du Christianisme, approfondis ra-
dicalement et reconnus physiquement vrais.
Londres, 1775, 2 vol. in-8, v. f. f.

3 Théologie naturelle, ou Preuves de l'Existence et
des Attributs de la Divinité, tirées des Appa-
rences de la nature, traduite de l'anglais par
Pictet. Genève, 1804, in-8, br.

4 Lettres de quelques Juifs Portugais, Allemands
et Polonais à M. de Voltaire, par l'abbé Guénée.
Versailles, 1817, 1 vol. in-8, basane.

5 Essai sur l'Indifférence en matière de Religion,
par l'abbé de La Mennais. Paris, 1818, et
suivante. 2 vol. in-8.

6 Lettre d'un Théologien à l'auteur du Dictionnaire
des Trois Siècles, par le marquis de Condorcet.
Berlin, Paris, in-8, demi-rel.

7 Institution du Droit de la Nature et des Gens, par Gérard de Rayneval. Paris, 1803, in-8. br.

8 La Politique du Vieux Temps, ou les Principes de Bossuet et de Fénélon sur la souveraineté. Paris, 1797, 1 vol. in-8, br.

9 De la République ou du meilleur Gouvernement; ouvrage traduit de Cicéron. Paris, 1798, 1 vol. in-8, br.

10 Recherches sur les vraies Causes de la Misère et de la Félicité publiques, ou de la Population et des Subsistances. Paris, 1815, in-8, br.

11 Essai sur l'Art de rendre les Révolutions utiles. Paris, 1801, 1 vol. in-8, demi-rel.

12 Elémens d'Economie politique, suivis de quelques Vues sur l'application des Principes de cette Science aux Règles administratives. Paris, 1817, 1 vol. in-8, br.

13 Notice historique sur les Finances de France, par M. le duc de Gaëte. Paris, 1818, 1 vol. in-8, br.

14 Particularités et Observations sur les Ministres des Finances de France les plus célèbres, depuis 1660 jusqu'en 1791. Paris, 1812, 1 vol. in-8, br.

15 Du Régime municipal et de l'Administration de département. Paris, 1818, 1 vol. in-8, br.

16 Philosophie politique, par Bourbon-Le-Blanc. Paris, 1816, 1 vol. in-8, br.

17 Elémens de la Science du Droit, à l'usage de toutes les nations, par Le Page. Paris, 1819, 2 vol. in-8, br.

18 Leçons préliminaires sur le Code pénal, ou Examen de la législation criminelle, par Bavoux, Paris, 1821, in-8, cart.

19 De l'Esprit d'Association dans les intérêts de la
Communauté, par M. de La Borde. Paris,
1818, in-8, br.

20 Science de l'Organisation sociale, démontrée
dans ses premiers Elémens, par Brun. Paris,
an VII, 1 vol. in-8. demi-rel.

21 Des Lettres de Cachet et des Prisons-d'Etat, par
Mirabeau. Paris, 1792, 1 vol. in-8, basane.

22 Erotica Biblion, par Mirabeau. 1 vol. in-8, veau
filets. — Essai sur le Despotisme, par le même.
Paris, 1792, 1 vol. in-8, basane.

23 Des Devoirs de l'Homme; ouvrage traduit du
latin, de Cicéron, avec des Notes et la Vie de
l'auteur, par Broslard. Paris, 1804, 1 vol.
in-8, demi-rel.

24 Histoire comparée des Systèmes de Philosophie
relativement aux Principes des Connaissances
humaines, par le baron Degérando. Paris,
1804, 3 vol. in-8, v. filets.

25 De la Génération des Connaissances humaines;
Mémoire qui a remporté le prix de l'Académie
royale de Berlin, par M. Degérando. Berlin,
1802, in-8, br.

26 Histoire des Causes premières, ou Exposition
sommaire des Pensées des philosophes sur les
Principes des Êtres, par M. l'abbé Batteux,
Paris, 1769, in-8, cart.

27 De la Nature des Êtres existans, ou Principes de
la Philosophie naturelle, par de La Métherie.
Paris, 1805, 1 vol. in-8, br.

28 Philosophus autodidactus, sive epistola Abi Jàafar,
ebn Tophail de hai ebn Yokdhan. In quâ os-
tenditur quomodo ex inferiorum contempla-
tione ad superiorum notitiam ratio humana
ascendere possit, ex arabicâ in linguam lati-

nam versa ab Eduardo Pocockio. Oxonii, 1671, in-4 , br.

bis. Lucrèce , traduction nouvelle avec notes , par M. Lagrange. Paris , an VII , 2 vol. in-12. basane. — Selecta Senecæ Philosophi opera Parisiis, Barbou, 1761 , in-12 , v. f. d. s. t.

29 Le Monde Physique et le Monde Moral, on Lettres à Madame de ***, par Libes. Paris , 1813 , 1 vol. in-8. br.

30 Histoire de l'Esprit humain , ou des Egaremens de notre âme et de son retour à la vérité ; imitation du tableau de Cébès. Paris , 1670. 1 vol. in-8 , vélin.

31 Esquisse d'un Tableau historique des progrès de l'Esprit humain, par Condorcet. Paris , 1788, 1 vol. in-8 , basane.

32 Elémens de la Philosophie de l'Esprit humain , par Dugald Stewart , traduit de l'anglais par Prévost. Genève , 1802, 2 vol. in-8 , br.

33 OEuvres d'Helvétius. Paris , Bastien, 1792 , 5 vol. in-8 , cartonnés.

34 Réfutation du Livre de l'Esprit , par de La Harpe. Paris , 1797. — Dans le même volume : La liberté de la Presse défendue par La Harpe contre Chénier. — Et autres pièces diverses.

35 De l'Homme et de ses rapports les plus intimes. Basle , an VI , in-8 , br,

bis. Synopsis propositorum sapientiæ Arabum philosophorum inscripta speculum mundum representans, ex arabico sermone latini juris facta ab Abrahamo Eckhellensi maronita è Liban , philosophiæ et sacræ theologiæ professore, etc Parisiis, Vitray, 1641 , in 4, v. brun f.

36 Influence de l'habitude sur la faculté de penser, par Maine Biran. Paris, an II, 1 vol. in-8, br.

37 Rapports du physique et du moral de l'homme, par Cabanis, deuxième édition. Paris, 1805, 2 vol. in-8, br.

38 Inductions morales et physiologiques, par Kératry. Paris, 1818, 1 vol. in-8, br.

39 Traité Philosophique de la faiblesse de l'Esprit humain, par Huet. Amsterdam, 1723, 1 vol. in-12, maroq. bleu, rel. par Bozerian.

40 Essais de Philosophie, ou Etude de l'Esprit humain, par Prévost. Genève, an XIII, 2 vol. in-8, br.

41 Elémens d'Idéologie, par M. Destult-Tracy. Paris, 1803, 4 vol. in-8. — Introduction à l'Analyse des Sciences, par Lancelin. Paris, 1802, 2 vol. in-8.

42 De l'Usage et de l'Abus de l'Esprit philosophique durant le XVIII siècle, par M. Portalis. Paris, 1820, 2 vol. in-8, br.

43 Des Erreurs et des Préjugés répandus dans la société, par Salgues. Paris, 1810, 2 vol. in-8, v. f.

44 Raison, Folie; petit Cours de morale mis à la portée des vieux enfans; suivi des Observateurs de la Femme, par M. Lemontey. Paris, 1816, 2 vol. in-8, demi-rel.

45 Les Ruines, ou Méditations sur les Révolutions des empires, par Volney. Paris, 1792, 1 vol. in-8, br.

46 Caractères de Théophraste, d'après un manuscrit du Vatican; contenant des additions qui n'ont pas encore paru en France, traduction nouvelle avec le texte grec, des notes critiques, etc. par Coray. Paris, 1799, 1 vol. in-8, br.

47 De Paris, des Mœurs, de la Littérature et de la Philosophie, par M. Salgues. Paris, 1815, 1 vol. in-8, br.

48 Eudoxe, Entretiens sur l'Etude des Sciences des Lettres et de la Philosophie, par Deleuze. Paris, 1810, 2 vol. in-8. — Etudes sur la Théorie de l'Avenir, ou Considérations sur les Merveilles et les Mystères de la Nature, relativement aux futures destinées de l'Homme, par Thurot. Paris, 1810, 2 vol. in-8.

49 Discours sur le préjugé des peines infamantes, par M. Lacretelle aîné. Paris, 1784, 1 vol. in-8, br.

50 Lettres sur l'Origine des Sciences et sur celle des peuples de l'Asie, par Bailly. Paris, 1777, 1 vol. in-8, br.

51 Le Livre de la grande Table Hakemite, traduit par M. Caussin. Paris, 1804, in-4, br.

52 Histoire de l'Agriculture française, considérée dans ses rapports avec les Lois, les Cultes, les Mœurs et le Commerce, par M. Rougier de la Bergerie. Paris, 1815, 1 vol. in-8, br.

53 Essai sur l'Administration de l'Agriculture, du Commerce, des Manufactures et des Subsistances, par M. Costaz. Paris, 1818, 1 vol in-8, br.

54 Quelques Mémoires sur différens sujets, la plupart d'Histoire Naturelle, ou de Physique générale et particulière, par Dupont de Nemours. Paris, 1807, 1 vol. in-8, br.

55 Morceaux extraits de l'Histoire Naturelle de Pline, par Gueroult. Paris, 1809, 2 vol. in-8, br.

56 Nouveau Dictionnaire d'Histoire Naturelle appliquée aux Arts, à l'Agriculture, etc. Paris,

Déterville, 1816, in-8. Les 15 premiers vol. seulement.

57 Hippocrate. Traités des Airs, des Eaux et des Lieux ; traduit en français sur la version de Foes, avec le texte latin, etc. Paris, 1804, 1 vol. in-8, br.

58 Essai philosophique sur les Phénomènes de la Vie, par Morgan. Paris, 1819, in-8, br.

59 De l'Education physique de l'Homme, par Friedlander. Paris, 1815, 1 vol. in-8.

60 Expériences sur le Principe de la Vie, notamment sur celui des Mouvemens du Cœur et sur le siége de ce principe, par M. Legallois. Paris, 1812, 1 vol. in-8, br.

61 Du Degré de certitude de la Médecine, par Cabanis. Paris, 1803, 1 vol. in-8, br.

62 Examen de la Doctrine Médicale généralement adoptée et des systèmes modernes de Nosologie, par Broussais. Paris, 1816, in-8, br.

63 Système physique et moral de la Femme, par Roussel. Paris, 1805, 1 vol. in-8, br.

64 Coup-d'œil sur les révolutions et sur la réforme de la Médecine, par Cabanis. Paris, 1804, 1 vol. in-8, br.

65 Traité de la Structure, des Fonctions et des Maladies du Foie, et Recherches sur les propriétés et les parties constituantes de la Bile et des Calculs Biliaires, par Saunders, traduit de l'anglais par Thomas. Paris, 1804, 1 vol. in-8, br.

66 Histoire des Phlegmasies, ou Inflammations chroniques, par M. Broussais. Paris, 1808, 2 vol. rel. en 1, veau filts.

67 Histoire Médicale de l'armée d'Orient, par Desgenettes. Paris, 1802, in-8, br.

68 Essai historique et littéraire sur la Médecine des Arabes, par Amoreux. Montpellier, 1805, 1 vol. in-8, br.

69 Dictionnaire des Sciences Médicales. Paris. Panckouke, 1812. Les tomes 1 et 2 in-8, br.

70 Essai sur les propriétés médicales des Plantes, comparées avec leur forme extérieure et leur classification naturelle, par M. de Candolle, Paris, 1816, 1 vol. in-8, br.

71 Théorie élémentaire de la Botanique, ou Exposition des Principes de la classification naturelle et de l'art de décrire et d'étudier les Végétaux, par M. de Candolle. Paris, 1819, 1 vol. in-8, br.

72 Leçons élémentaires de Chimie, à l'usage des Lycées, par Adet. Paris, 1804, 1 vol. in-8, br.

73 Traité élémentaire de Minéralogie, avec des Applications aux Arts, par Brongniart. Paris, 1807, 2 vol. in-8, br.

74 Traité élémentaire de Physique, par Haüy. Paris, 1803, 2 vol. in-8, br.

75 Elémens de Géométrie distribués dans un ordre naturel et sur un plan absolument neuf, par Develey. Paris, 1816, 1 vol. in-8, br.

76 Mémoire sur le Système Métrique des anciens Egyptiens ; contenant des Recherches sur leurs connaissances géométriques et sur les mesures des autres peuples de l'antiquité, par M. Jomard, Paris, 1817, in-fol. br.

77 Rapport du Jury Central sur les produits de l'industrie française, rédigé par M. Costaz. Paris, 1819, 1 vol. in-8, br.

78 L'Art du dessin chez les Grecs, ou Méthode Elémentaire du Dessin, considéré dans ses rapports d'utilité générale pour les sciences et pour les arts, par M. le chevalier de Brunel de Varennes. Paris, 1816, 1 vol. in-8.

79 Traité de la Peinture de Léonard de Vincy, par Gault de St.-Germain. Paris, 1803, 1 vol. in-8, fig., br.

80 Recherches sur l'art Statuaire considéré chez les anciens et chez les modernes. Paris, 1805, 1 vol. in-8, br.

81 Considérations sur l'Art de la guerre, par le baron Rognat. Paris, 1816, 1 vol. in-8, br.

82 Rapport sur l'Instruction publique à l'assemblée nationale, par M. de Talleyrand-Périgord. Paris, 1791, 1 vol. in-4, basane.

83 Exposé de l'état actuel de l'instruction publique en France, par M. Izarn. Paris, 1815, et autres pièces, 1 vol. in-8, v. f.

84 L'Enseignement Mutuel, ou Histoire de l'introduction et de la propagation de cette Méthode, traduit de l'allemand de J. Hamel. Paris, 1818, 1 vol. in-8, fig.

85 Esprit de la Méthode d'éducation de Pestalozzi, suivie et pratiquée dans l'Institut d'éducation d'Yverdun en Suisse, par Julien. Milan, 1812, 2 vol. in-8, br.

86 De la manière d'enseigner les Humanités, d'après les autorités les plus graves, par de Bigault-d'Harcourt. Paris, 1819, 1 vol. in-8, br.

87 Essais sur l'Enseignement en général et sur celui des Mathématiques en particulier, par Lacroix. Paris, 1805, in-8, br.

88 OEuvres de Dumarsais. Paris, 1797, 7 vol. in-8,
reliés en 4 vol. demi-rel.

89 Traité de l'Orateur de Cicéron, traduit en français par Colin. Paris, 1805, 1 vol. in-12, bas.
— Rhétorique de Cicéron, 1 vol. in-12, bas.
— Entretiens de Cicéron sur la nature des
Dieux, 2 vol. in-12, bas. — De la Divination, par Cicéron, 1 vol. in-12, bas. — De
la vieillesse et de l'amitié, par Cicéron, 1 vol.
in-12, bas., en tout 6 vol.

90 Essai d'Institutions Oratoires, par M. de La Malle,
Paris, 1816, 2 vol. in-8, br.

91 Rudimens de la Traduction, par Ferri de St.-
Constant. Paris, 1808, in-12, v. f.

92 La Mécanique des Langues et l'Art de les enseigner, par Pluche. Paris, 1751, in-12, bas. —
Essai sur la première formation des Langues,
par Manget. Genève, 1809, in-12, br.

93 Traité de la formation mécanique des Langues et
des Principes physiques de l'Etymologie, par
Desbrosses. Paris, 1765, 2 vol. in-12, veau.

94 Essai Synthétique sur l'origine et la formation des
Langues. Paris, 1774, 1 vol. in-8, basane.

95 Histoire Naturelle de la Parole, ou Grammaire
universelle, par Court de Gébelin, avec un
Discours et des Notes par M. le comte Lanjuinais. Paris, 1816, 1 vol. in-8, v. f.

96 Hermès, ou Recherches philosophiques sur la
Grammaire Universelle, traduit de l'anglais par
Thurot. Paris, an IV, 1 vol. in-8, v. filets.

97 Grammaire Générale, par Estarac. Paris, 1811,
2 vol. rel. en 1, in-8, v. filets.

98 Cours de Langue Latine et de Langue Française
comparées, par Maugard. Paris, 1809 3 vol.
in-8, basane, filets.

99 Essai sur les Langues en général; sur la Langue
Française en particulier, par Sablier. 1 vol.
in-8, br. Paris, 1777. — Origine des Langues,
par Zalkind-Hourwitz, Paris, in-8, br. —
— Alphabet raisonné, ou Explication de la
figure des lettres, par Moussaud. Paris, 1805,
2 vol. in-8. — En tout 4 vol. br.

100 Simplification des Langues Orientales, par Volney.
Paris, an III.

101 L'Alphabet Européen, appliqué aux Langues
Asiatiques, par Volney. Paris, 1819, 1 vol.
in-6, br.

102 L'Hébreu simplifié par la méthode alphabétique
de Volney; contenant un premier Essai de la
Grammaire et un Plan du Dictionnaire écrit
sans langue hébraïque et cependant conforme
à l'Hébreu. Paris, 1820, in-8, br.

103 Racines Hébraïques sans points voyelles, ou Dictionnaire Hébraïque, par racines. Paris, 1752,
in-8, v. b.

104 Essai sur la littérature des Hébreux, par de Mont-
bron. Paris, 1819, 4 vol. in-12, br.

105 Développemens des principes de la Langue Arabe
moderne, suivis d'un Recueil de phrases, de
traductions interlinéaires, de proverbes Arabes,
et d'un Essai de Calligraphie Orientale, avec
11 planches, par Herbin. Paris, 1803, in-fol.
cartonné.

bis. Grammaire de la Langue Arabe vulgaire et litté-
rale, par Savary. Paris, 1813, 1 vol. in-4,
br., pap. vélin.

106 Chrestomathie Arabe, ou Extraits de divers écrivains Arabes tant en prose qu'en vers, par
M. Silvestre de Sacy. Paris, 1806. 3 vol. in-8,
demi-rel., dos de maroquin.

107 Le Camous, ou Dictionnaire Arabe de Firozoa-
badi. Calcutta, 1817, 2 vol. in-fol., veau brun.

108 Elémens de la Langue Turque, ou tables analy-
tiques de la Langue Turque usuelle, avec leurs
développemens, par Viguier. Constantinople,
1790, 1 vol, in-4, rel., basane.

109 Primi principi della Gramatica Turca, ad uso dei
Missionari Apostolici di Canstantinopoli, com-
posti da Cosimo Comidas de Carboniano Cons-
tantinopolitano. In Roma, 1794, 1 vol. in-4,
demi-rel.

110 Méthode pour étudier la Langue Grecque, par
Burnouf. Paris, 1819, 1 vol. in-8, cart.

111 Dictionarium Universale Latino-Gallicum, auct.
Boudot. Parisiis, 1810.

112 Grammaire Romane, ou Grammaire de la Langue
des Troubadours, par M. Raynouard. Paris,
1816, 1 vol. in-8, br.

113 Nouvelles recherches sur les Patois ou Idiômes
vulgaires de la France et en particulier sur ceux
du département de l'Isère, par Champollion-
Figeac. Paris, 1809, in-12, br. — Fables,
Contes et autres poésies patoises, par Martin.
Montpellier, 1805, in-8, br.—Recueil de Poésies Provençales, par Gros. Marseille, 1775,
in-8, br.

114 Manuel des Amateurs de la Langue Française,
contenant des solutions sur l'Etymologie, l'Or-
thographe et la Prononciation, par Boniface.
1 v. in 8, br.

115 Remarques de Vaugelas sur la Langue Française
avec des notes de Patru et T. Corneille. Paris,
1738, 3 vol, in-12, v. m.

116 Remarques morales, philosophiques et Grammaticales sur le Dictionnaire de l'Académie
Française, par Peignot. Paris, 1807, 1 vol.
in-8, br.

117 Solutions Grammaticales, par Urbain Domergue,
Paris, 1808, 1 vol. in-8, br.

118 Dictionnaire Universel des Synonymes de la Langue
Française, par Girard, Beauzée, Roubaud, etc.
Paris, 1801, 3 vol. in-12, basane.

119 Nouveau Dictionnaire de la Langue Française,
par Laveaux. Paris, 1820, 2 vol. in-4, br.

120 Dictionnaire Universel de la Langue Française,
avec le latin, par M. Boiste. Paris, 1803,
1 vol. in-8, oblong, basanne.

121 Vocabulaire Français, par de Wailly. Paris, 1818,
1 vol. in-8, basane.

122 Vocabulaire de l'Académie Française, par Goi-
goux. Paris, 1821, 1 vol. in-8, br.

123 Grammaire Italienne, par Biagioli. Paris, 1812,
1 vol. in-8, br.

124 Dictionnaire portatif Italien-Français, Français-
Italien, par Cormon. Lyon, 1813, 2 vol. in-8,
basane.

125 Les Vers dorés de Pythagore, par M. Fabre-
d'Olivet. Paris, 1813, in-8, veau.

126 Apologie de Socrate, d'après Platon et Xénophon,
avec des remarques sur le texte grec et la traduction française, par Thurot. Paris, 1806,
1 vol. in-8, demi-rel.

127 OEuvres de Pline le jeune, traduites par Sacy. Paris, 1808, 3 vol. in-12, br. — Bucoliques de Virgile, traduites en vers français, par Tissot. Paris, 1812, in-18, bas.

128 OEuvres d'Horace, traduites en vers, par M. le comte Daru. Paris, 1797, 2 vol. in-8, rel. en un seul, b. veau.

129 Cours élémentaire de Littérature, composé des articles répandus dans les divers ouvrages de Voltaire, sur les matières de goût et de critique, sur les différens genres de style, etc. ; par Savy-la-Roque. Paris, 1817, 1 vol. in-8, br.

130 Fragmens du Cours de Littérature, fait à l'Athénée de Paris, en 1806 et 1807, par Chénier. Paris, 1818, 1 vol. in-8, br.

131 De la Littérature Française pendant le dix-huitième siècle. Paris, 1809, 1 vol. in 8, br.

132 Commentaires sur le Théâtre de Voltaire, par Laharpe. Paris, 1814, in-8.

133 OEuvres du comte Antoine Hamilton. Paris, Belin, 1818, 1 vol. in 8, br.

134 Antigone, par Ballanche. Paris, 1814, 1 vol. in-8, br.

135 OEuvres de Vauvenargue, revues et augmentées sur les manuscrits communiqués par sa famille, accompagnées de notes. Paris, 1797, 2 vol. in-12.—Souvenirs et portraits, 1780, — 1789, par M. le duc de Lévis. Paris, 1813, in-8, br.

136 La Reliure, poëme didactique en six chants, précédé d'une idée analytique de cet art, suivi de notes historiques et critiques, etc. ; par Lesné, relieur. Paris, 1820, in-8, br.

137 Bibliothèque Orientale, par d'Herbelot. Paris, 1697, 1 vol. in-fol., veau brun.

158 Les Séances de Hariri, publiées en Arabe, avec
un commentaire choisi par M. le baron Silvestre de Sacy. Paris, 1820, 1 vol. in-fol. br.

159 Calila et Dimna, ou Fables de Bidpaï, en Arabe,
suivies de la Moallaka de Lebid, en Arabe et
en Français, par M. Silvestre de Sacy. Paris,
1816, in-4.

140 Contes, Fables et Sentences, tirés de différens
auteurs Arabes et Persans, etc. Paris, 1788,
1 vol. in-8, basane.

141 Lamiato'lajam, Carmen Tograi, poetæ Arabis
Doctissimi; una cum versione latina et notis
praxin illius exhibentibus opera ed. Pocockii.
Oxinii, 1661, in-12, v. b.

141 (bis.) Zohairi carmen templi meccani foribus ap-
pensum nunc primum ex codice Leidensi
Arabice editum latine conversum et notis illus-
tratum, amplissimi philosophorum ordinis
auctoritate die xxiv november 1792. H. I. Q.
C. publicq eruditorum examini subjiciet Er-
nest. Fréd. Car. Rosenmüller phil. D. Aa.
LL. MM. Respondente Carolo Friderico Rich-
ter freibergensi theologiæ cultore Lipsiæ, in-4,
d. rel. dos de mar. r.

142 Œuvres complètes de Boileau Despréaux. Paris,
1809, 3 vol. in-12, br. — Nouvelles Observations sur Boileau, par Mermet. Paris, 1809,
1 vol. in-12, br.

143 Fables de La Fontaine. Paris, Desoër, 1 vol.
in-32, v. f., doré sur tranche avec étui.

144 La Fontaine et tous les Fabulistes, ou La Fontaine comparé avec ses modèles et ses imita-
teurs, par Guillon. Paris, 1803, 2 vol. in-8,
veau fil. tr. dor.

145 Études sur La Fontaine, ou Notes et Excursions
littéraires sur ses Fables, par Fontanier. Paris,
1812, 1 vol. in-8, br.

146 Éloges Académiques, par Bertrand Barrère. Paris, 1806, 1 vol. in-8, br.

147 Correspondance Historique et Littéraire. Paris,
1819, 1 vol. in-8, br.

148 Mélanges inédits de Littérature de La Harpe,
recueillis par Salgues. Paris, 1810, 1 vol.
in-8, br.

149 Mélanges de Littératnre et de Philosophie, par
Ancillon. Paris, 1809, 2 vol. in-8, demi-rel.

150 Mélanges de Littérature, d'Histoire et de philosophie, par d'Alembert. Paris, 1770, 5
vol. in-12, bas.

151 Observations critiques sur l'ouvrage intitulé le
Génie du Christianisme, par M. de Château-
briand, pour faire suite au Tableau de la
Littérature française, par de Chénier. Paris,
1817, 1 vol. in-8, br.

152 Tableau Littéraire du xviiie siècle, suivi de
l'éloge de La Bruyère, par Victorin Fabre.
Paris, 1810, in-8, br.

153 Tableau Historique de la Littérature française
depuis 1789, par de Chénier. Paris, 1816,
1 vol. in-8, br.

154 Rapport sur les progrès de l'Histoire et de la
Littérature ancienne, depuis 1789, et sur leur
État actuel, rédigé par M. Dacier. Paris, 1810,
in-8, v. fil.

155 Rapport Historique sur les Progrès des Sciences
naturelles depuis 1789, et sur leur État actuel,
rédigé par M. Cuvier. Paris, 1810 1 vol.
in-8, br.

156 Mémoires Historiques et Littéraires sur le Collége de France, par l'abbé Goujet. Paris, 1758, 3 vol. in-12, veau fil.

157 Histoire des Membres de l'Académie française morts depuis 1700 — 1771, par d'Alembert. Paris, 1787, 6 vol. in-12, v. m. — Éloges des académiciens de l'Académie royale des Sciences, par de Fontenelle. Paris, 1766, 2 vol. in-12, v. m.

158 Histoire de Fénélon, par M. le cardinal de Bausset. Paris, 1809, 3 vol. in-8, br.

159 Cosmologie, ou Description générale de la Terre, par M. Walckenaer. Paris, 1815, in-8, br.

160 Leçons d'Histoire, par Volney. Paris, 1810, 1 vol. in-8, br. — Observations critiques sur ces Leçons d'Histoire, par Jondot. Paris, an VIII, 1 vol. in-8, br.

161 Réflexions critiques sur les Histoires des anciens peuples Chaldéens, Hébreux, Phéniciens, Égyptiens, Grecs, etc., par Fourmont. Paris, 1735, 2 vol in-4, v. br.

162 Lettres sur l'Atlantide de Platon, et sur l'ancienne Histoire de l'Asie, pour servir de suite aux Lettres sur l'Origine des Sciences, par Bailly. Paris, 1805, 1 vol. in-8, br.

163 Relation de l'Égypte par Abd-Allatif, médecin arabe, suivie des divers Extraits d'Écrivains orientaux, et d'un État de Provinces et Villages de l'Égypte dans le XIVe siècle, par M. Silvestre de Sacy. Paris, 1810, 1 vol in 4, demi-rel.

164 Abulfedae descriptio Ægypti Arabice et latine, per Joannem David Michaelis, Goethingae, 1776, in-8, br.

165 Mémoires géographiques et historiques sur l'Égypte et sur quelques Contrées voisines, par Et. Quatremère. Paris, 1811; 2 vol. in-8, br.

166 Recherches sur l'Origine et la Destination des Pyramides d'Égypte, 1 vol. in-8, br. — Mémoire pour servir à l'Histoire des Expéditions en Égypte et en Syrie, par Miot. Paris, 1814, 1 vol. in-8, br.

167 De l'Égypte sous la domination des Romains, par Reynier. Paris, 1807, 1 vol. in-8, br.

168 Historia della Guerra accessa nella Soria, l'anno 1771, dalle armi di Ali-Bey d'ell'Egitto con aggiunte et note di Giovanni Mariti. 1792, 1 vol. in-8, bas.

169 Conquêtes des Français en Egypte, ouvrage où l'on trouve l'Histoire des Révolutions, le Tableau des Mœurs et Coutumes des Peuples anciens et modernes qui ont habité ce pays, etc. Paris, an VII, in-8, br.

170 De l'Égypte, après la bataille d'Héliopolis, et Considérations générales sur l'Organisation physique et politique de ce pays, par le général Reynier. Paris, 1802, vol. in 8, cart. demi-rel

171 Pièces diverses et Correspondances relatives aux opérations de l'armée d'Orient en Égypte. Paris, an IX, 1 vol. in-8, br.

bis. Traduction arabe des pièces relatives à la procédure et au jugement de Soleyman El-Hhaleby, assassin du général en chef Kléber. in-4, v. f. Imprimé au Kaire.

172 Tableau historique de l'Orient dédié au roi de Suède, par M. le chevalier Mouradja d'Osson. Paris, 1804, 2 vol. in 8, br.

73 Tableau général de l'empire ottoman, par Mouradja d'Osson. Paris, 1788, 5 vol. in-8, br.

bis. Détails sur la situation actuelle du royaume de
Perse. Paris, imprimerie royale, 1816. in-4,
broché.

174 Monumenta Antiquissimae historiae arabum, post
Albertum Schultensium collegit edidit que cum
latina versione et animadversionibus Gottfr.
Eichhorn, Gothae, 1775, in-8, demi-reliure,
dos de maroquin.

175 Histoire des Arabes sous le gouvernement des
califes, par M. l'abbé de Marigny. Paris, 1750,
4 vol. in-12, veau. — Histoire de Tamerlan,
1 vol. — Histoire de Saladin, 2 vol. in-12.

bis. Al-Makrizi historia monetæ Arabicæ e codice
escorialensi cum variis duorum codd. Leiden-
sium lectionibus et excerptis anecdotis nunc
primum edita, versa et illustrata ab olao Ger-
hardo Tychsen. Rostochii, 1797, in-12, br.

176 Etat actuel de la Turquie, auquel on a ajouté
l'Etat géographique, civil et politique de la
Moldavie et de la Valachie, par Thornton.
Paris, 1812, 2 vol. in 8, br.

177 Réflexions historiques et politiques sur l'Empire
Ottoman, suivies de notes du P. Sicard sur les
Antiquités de l'Egypte. Paris, 1802, 1 vol.
in-8, br.

178 Des Effets de la Religion de Mohammed pendant
les trois premiers siècles de sa fondation sur
l'Esprit, les Mœurs et le Gouvernement des
peuples chez lesquels cette religion s'est établie,
par Oelsner. Paris, 1810, 1 vol. in-8, br.

179 Zoroastre, Confucius et Mahomet, considérés
comme Sectaires, Législateurs et Moralistes,

avec le tableau de leurs dogmes , de leurs lois
et de leur morale , par M. de Pastoret. Paris ,
1788 , 1 vol. in-8 , br.

180 Choix des Lettres édifiantes et curieuses écrites
des Missions-Etrangères , sur la Religion , les
Mœurs et Usages des peuples visités par les
Missionnaires. 2 vol. in-12 , basane. — Ser-
mons choisis de Bossuet. 1 vol. in-12 , basane.
— Mœurs des Israëlites et des Chrétiens. 3 vol.
rel. en 1 , — En tout 4 vol.

181 Historia Tamerlanis Arabice. Lugduni-batavo-
rum. 1636 , in-4 , v. f.

bis. The History of timouor, in the original Arabic ,
Written By Ahmud bin Moohummud , of Da-
mascus in Syria , generaly Known by the name
of ibno Arab shab. Calcutta , 1818 , in-8 , rel.

182 Examen critique des Anciens Historiens d'A-
lexandre-le-Grand , par Ste.-Croix , 2e. édition.
Paris , 1810 , 1 vol. in-4, fig. , rel. en demi-rel. ,
dos de maroquin vert.

183 Les douze Césars , trad. du latin de Suétone ,
avec des notes et des réflexions par M. de La
Harpe. Paris , 1805 , 2 vol. in-8 , v. fil.

184 Tableau des peuples qui habitent l'Europe , classés
d'après les langues qu'ils parlent, et Tableau des
Religions qu'ils professent , par Schœll. Paris ,
1812, in-8 , br.

185 Considérations sur l'état actuel des sociétés en
Europe , par Masuyer. Paris, 1818, 1 vol. in-8,
broché.

186 Congrès de Vienne par M. de Pradt, les deux vo-
lumes reliés en un avec d'autres brochures.
1 vol. in 8, v. fil.

187 Essai historique sur la Puissance temporelle des papes. Paris, 1810, 1 vol. in-8, br.

188 Essai sur l'Influence des Croisades par Héeren, traduit de l'allemand par M. de Villers. Paris, 1808, 1 vol. in-8, br.

189 De l'Influence des Croisades sur l'état des peuples de l'Europe, par M. de Coiseul-d'Aillecourt. Paris, 1809. — Dans le même volume : Antidote au congrès de Rastadt, et autres pièces. in-8, veau.

190 Éclaircissemens historiques sur les causes de la révocation de l'édit de Nantes et sur l'état des protestans en France, par de Rhuillères, 1788, 2 vol. in-8, demi-rel.

191 Essai sur l'Établissement monarchique de Louis xiv, par M. Lémontey. Paris, 1818, in-8, br.

192 La France ancienne et moderne, par Carel. Paris, 1820, 2 vol. in-8, br.

193 Observations sur l'Histoire de France de messieurs Welly, Villaret et Garnier, par Gaillard. Paris, 1806, 4 vol. in-12, br.

194 Revue chronologique de l'histoire de France, de 1787 à 1818, par Montgaillard. Paris, 1820, 1 vol. in-8.

195 Statistique Élémentaire de la France par Peuchet. Paris, 1805, 1 vol. in-8, br.

196 Mémoires sur la Bastille, et sur la détention de M. Linguet. Paris, 1783, 1 vol. in-8, veau.

bis. Adresse de la Convention nationale au Peuple français, décrétée dans la séance du 18 vendémiaire an iii, traduite en arabe par P. Ruffin. Paris, in-folio, br.

197 Constitutions de la nation française, avec un

Essai de Traité historique et politique sur la Charte, etc., par M. le comte Lanjuinais. Paris, 1819, 1 vol. in-8.

bis. Testament de Louis xvi, roi de France et de Navarre, avec une traduction arabe, par M. le baron Sylvestre de Sacy. Paris, 1820, in-8, br.

198 Du Gouvernement de la France depuis la Restauration et du Ministère actuel, par M. Guizot. Paris, 1820, in-8, br.

199 La France telle qu'on l'a faite, par M. Kératry. Paris, 1821, 1 vol. in-8, br.

200 Petit Catéchisme à l'usage des Français sur les affaires de leur pays, par M. de Pradt. Paris, 1820, 1 vol. in-8, br.

201 Dictionnaire des Girouettes, ou nos contemporains peints d'après eux-mêmes. Paris, 1815, 1 vol. in-8, br.

202 Histoire physique, civile et morale de Paris, par Dulaure. Paris, 1821, les tomes 1, 2 et 3, 3 vol. in-8, br.

203 Mémoires historiques sur la révolution d'Espagne, par M. de Pradt, 1 vol. in-8, br. — Histoire de l'ambassade dans le grand-duché de Varsovie, en 1812, par de Pradt. Paris, 1815, 1 vol. in-8, broché.

204 Des colonies et de la révolution actuelle de l'Amérique, par M. de Pradt. Paris, 1817, 2 vol. in-8, broché.

205 Tableau de la Constitution du royaume d'Angleterre, par Custance. Paris, 1817, in-8, br.

206 De l'Allemagne, par Mme la baronne de Staël-Holstein. Paris, 1814, 3 vol. in-8, br.

207 Coup-d'œil rapide sur les causes de la décadence

de la Pologne , par de Komarzewski. Paris ,
1807, 1 v. in-8, br.

208 Histoire des Bohémiens , ou Tableau des mœurs.
usages et coutumes de ce peuple nomade, etc.,
par Grellmann. Paris , 1810, in-8, br.

209 Essai sur la Régénération physique, morale et politique des Juifs , par M. Grégoire. Metz, 1789,
1 vol. in-8, br.

210 Voyage en retour de l'Inde par terre, par Thomas
Howel ; suivi d'Observations sur le passage dans
l'Inde par l'Égypte et le grand Désert, par
James Capper. Paris, an v, 1 vol. in-4, br.

211 Voyage en Syrie et en Égypte , par Volney. Paris ,
an VII, 2 vol. in-8, br.

212 Voyage en Égypte pendant les campagnes des
généraux Bonaparte, Kléber et Menou , par
Dominique di Pietro. Paris, 1718, 1 vol. in-8,
broché.

213 Voyage dans le Levant, en 1817 et 1818, par
M. le comte de Forbin. Paris, 1819, in - 8, br.

214 Itinéraire d'une partie peu connue de l'Asie Mineure, contenant la Description des Régions
septentrionales de la Syrie, celle des côtes mé-
ridionales de l'Asie Mineure et des Régions
adjacentes. Paris, 1816, in-8, br.

215 Voyage à Canton par Charpentier de Cossigny.
1 vol. in-8, br,

216 Mes Voyages aux environs de Paris par Delort.
Paris, 1821, 2 vol. in-8, br.

MANUSCRITS

ARABES, TURCS, PERSANS ET COPTES.

1 Cent soixante-dix feuilles de la Grammaire arabe intitulée *Kafia*.

2 Grammaire arabe de Ben Aschem.

3 Grammaires arabes intitulées *Djaroumiah*.

4 Grammaire arabe (la Kâfiah).

5 Grammaire arabe.

6 Traité de Géométrie (incomplet). — Traité d'Astronomie (complet). in-4°.

7 Traité grammatical en arabe.

8 Traités grammaticaux de la langue arabe, dont la Misba, etc.

9 Traités grammaticaux sur le Serah de Téchérif.

10 Différens Traités de Grammaire arabe, dont la Kâfiah, la Misba, etc., avec les voyelles.

11 Un Traité de Djaroumyéh.

12 Commentaires sur la langue arabe, par Ferid-Eddeher. (Incomplet.)

13 Commentaire grammatical en arabe, de Ebn Malek.

14 Commentaires.

15 Fragmens d'un Dictionnaire arabe.

16 Rhétorique, et autres pièces arabes.

17 Traité dialectique en arabe, avec un Commentaire dans la même langue.

18 Pensées d'Horace, extraites de ses odes, satires,
épîtres, et de son Art poétique, par Miger.
Paris, 1812, rel. v. s. — A la suite de ce volume
se trouve un manuscrit arabe.

19 Poésies Sacrées sur la miséricorde divine.

20 Petit Traité de la Religion musulmane, en arabe,
par Mohdi-eddin.

21 Traité mystique en arabe.

22 Le Guide des Rois dans l'étude de la Sagesse,
ouvrage historique.

23 Abrégé du Sens.

24 Petit Traité de la Religion chrétienne.

25 Traité de la Théologie chrétienne.

26 Séances de Hariri avec des gloses.

27 Histoire d'Anas Eloudjoud.

28 Traités superstitieux en arabe ; —plus, un Traité
d'Astronomie.

29 Livre de Présages et de Divination.

30 Explication des Secrets par le moyen des oiseaux
et des fleurs ; —plus, un petit Traité sur les
Arabes , avant et après l'Islamisme.

31 Le livre des Secrets , Traité de Chiromancie.

32 Traité des maladies par Avicene.

33 Traité de Médecine par demandes et par réponses,
copié par Michel Sabbagh.

34 Géographie d'Abulféda.

35 Un volume renfermant la Description de l'Égypte,
par Abdallatif; un Traité de l'origine des points
diacritiques dans l'écriture arabe, et deux
Traités d'arithmétique et d'algèbre.

56 Portion des Annales des Souverains d'Égypte jusqu'à Melik-Taher-Abousaïd, par Aboul-Mohasam.

37 Mélanges de Notes en arabe.

58 Fragmens arabes.

59 Fragmens de Biographie arabe.

40 Mélanges arabes et français.

41 Mélanges français et arabes.

42 Manuels d'Épictète et Tableau de Cébès. Paris, Boiste, 1796, in-32, maroq. r. tr. d. — A la suite, Mélanges en langue arabe, manuscrits de la main de M. Ellious.—Ce volume est enfermé dans un étui de velours cramoisi.

43 Recueil ascétique, à l'usage des Chrétiens d'Orient, en douze chapitres, et en langue arabe. in-8.

44 Mélanges sur la Grammaire en arabe. in-12.

45 Ben soab, Kaab-ben-zoheyr, in-folio cartonné, contenant six feuillets d'écriture arabe, avec des enluminures en or.

46 Abrégé historique contenant le règne des rois de Perse Pischdadiens, Kéanides et Sassanides; d'Alexandre, des rois Lagides et autres dynasties Orientales jusques au calife Môtamed, fils de Metouakkel, le xiiie. des Abbassides .— Il paraît être du Scheïkh Abou-Mérouan-Abdalmalek. —sans titre. (Voy. pag. 1, lig. 1.)

47 Livre renfermant *la Vie d'Esope*, écrite en grec par *Planude*, *traduite* sur le français en langue Arabe, par Gabriel Thawil, professeur de ladite langue dans la ville de Marseille, en 1808. (Jusqu'au cinquième chapitre inclusivement.)

48 Traité grammatical du scheik Mery-ibn-Marzouq
sur les vingt-huit Lettres de l'Alphabet. (Complet.)

49 Recueil de traductions, de nouvelles et de 19
morceaux singuliers.

50 Instruction sur l'origine, la description et le trai-
tement de la petite-vérole; publiée avec auto-
risation du divan du Kaire et rédigées par le
citoyen Des Genettes, *chirurgien* en chef de
l'armée française au Kaire. — Le 9 du mois de
Schaàban, l'an de l'Hégire 1218. — Manuscrit
Arabe, traduit du Français par D. Raphaël,
Monachis, au Kaire. (Ce Traité a été destiné
à l'impression.)

51 Petite Grammaire arabe-turque, copiée en 1689.

52 Loghat-Cea, ou Vocabulaire persan, turc et
arabe.

53 Quelques Fragmens du Coran suivis de prières en
turc.

54 Traité de Jurisprudence en turc.

55 Fragment turc de l'histoire des quarante visirs,
avec miniatures.

56 Sentences d'Ali, fils d'Abouthaleb, en persan.

57 Poëme persan de Djamy, probablement les amours
de Medjnoun et de Leilah; — plus, un Traité
de l'Unité de Dieu; en persan.

58 *Pend-Namèh.* — Par le cheïkh *Mohammed-El-
Atthar.* Poëme moral en langue Persane; copie
portant la date de 1108 d'hégire, 3 du mois de
Schâban. (Persan.)

59 Recueil lithurgique composé, en grande partie,
des psaumes de David, en Copte memphitique,

avec la version arabe, le tout entremêlé de cantiques. — Incomplet.

60 Fragmens Copto-arabes; prières, lithurgie, cantiques, etc. — Explication des mots grecs du Nouveau Testament, Vocabulaire copte-arabe. Incomplet.

61 175 Exemplaires de l'Alphabet Arabe, accompagné d'Exemples, par M. Ellious Bocthor. Paris, 1820, in-4.

62 Dictionnaire français et arabe-vulgaire, par M. Ellious Bocthor; environ 800 pages in-folio à deux colonnes. — Ce manuscrit complet, entièrement écrit et mis au net de la main de l'auteur, et remarquable par la beauté de l'écriture, lui a coûté dix années de travaux assidus. —

Nota. L'article 62 sera mis en vente au jour et dans la forme indiquée par de nouvelles annonces. Il est entre les mains de M. *Lahure*, Notaire de la succession, Place de l'École, n° 2.

FIN.

ORDRE DES VACATIONS.

Ire VACATION.

Le lundi 7 janvier 1822 :

Livres. N°s 1 à 72. — Manuscrits. N°s 1 à 20.

IIe VACATION.

Le mardi 8 janvier :

Livres. N°s 73 à 144. — Manuscrits. N°s 21 à 40.

IIIe VACATION.

Le mercredi 9 janvier :

Livres. N°s 145 à 216. — Manuscrits. N°s 41 à la fin.